AF232896

AIRS

DÉTACHÉS

de

ON NE S'AVISE JAMAIS

DE TOUT,

Opera Bouffon,

En un Acte ;

Représenté
Sur le Théâtre de l'Opera Comique.
Prix 24.

A PARIS

Chez Duchesne, Libraire rue St. Jacques,
au Temple du Gout.
Avec Approbation et Privilege du Rey.

11598

Amoroso.
Nº 1.
Dieu des amours Si tu dois ton se-
cours A l'amant le plus tendre, De ceux qu'en-
flament tes ardeurs, De ceux dont tu sou-
mets les cœurs, Qui plus que moi doit y pre-
Fin.
tendre! M'est il possible de ne pas aimer L'objet qui sçait m'enflamer! Sa-
gesse et beauté, Esprit et bonté Se trou-
vent ensemble, Lise les rassemble: Da
Capo.

No. 2.
Andantino.
Un chanteur n'est pas un Ca-
ton, Il n'est pas d'emploi qui l'étonne,
Quand l'éco-liere en-tend le ton,
Alors sa conduite d'étonne. Pour o-
bliger tout favori Toute ouvriere our-
dit la trame Qui cache aux yeux l'a-
mant cheri, Et la coëffeuse de la
femme Ne sert qu'à coëffer le mari.

Amoroso.

Nº 3.

Je vais te voir, charmante Lise,

Mes yeux vont rencon trer les tiens.,

Craignons que leur vi ve sur prise

Fin.

Ne nuise a nos tendres liens. Sous une

feinte indiffe.ren.ce Cachons s'il

se peut nos ardeurs, Trop animés par

l'espe ran.ce Gardons nous de tra -

hir nos cœurs . . Da Capo.

Amoroso.
Nº 4.
Jusques dans la moindre chose
Je vois mon amant empreint, Quand jë
parpille une rose, Dans chaque feuille
il est peint, Je le vois dans le nuage
Que l'air promene à son gré Pour moi
tout est son image Mon cœur en a
soupi ré.
Mineur
Si je brode quelque ou-
vrage, Dans le dessein nuan cé, Je vois

ses traits, son visage Sur le canevas tra-
cé Si je lis, à chaque page Son nom
me semble placé, Par l'écho du voisi-
nage, Il est toujours prononcé..
Amoroso.
N.º 5.
Qu'un son frape mon oreille,
J'ecoute et dans tout mes sens, Mon a-
me qui toujours veille Croit entendre
ses accents, Ces accents ce ton si

tendre Ce son de voix enchanteur
Ces accents qui font entendre Tout ce
qui flate mon cœur.
Gravement. Petit Air.
N°. 6.
Objet divin, femme feconde
En beautés, Source d'esprit, source pro-
fonde De clartés Que la richesse o-
ri en.tale Sur vos habits Prodigue
tout ce qu'elle étale De rubis.

Romance très lente.
Nᵒ 7.
O ma tant douce Colombelle,
Réponds a la voix qui t'apelle, Sans toi
je ne fais que gémir, Sans toi je n'ai plus
qu'à mourir. Soit que le Soleil se
leve, Soit qu'il acheve son cours, Mon cœur
n'a ni paix, ni treve, Hélas! hélas!
il se plaint toujours, Hélas! il se plaint tou
jours, Hélas! il se plaint tou-jours.

Ariette
N.o 8.
Amour, amour acheve ton ou -
vrage, Ramene Lise dans ces lieux,
Sur mes efforts jette un nu-a-ge
Fin.
Qui les dé-ro-be à tous les yeux.
Quoi toujours, Quoi! sans cesse Ma ten -
dresse Auroit son cours, Quoi! ses
charmes Sans allarmes Seroient a moi
Da Capo.
pour tou-jours. Amour, amour ache

N.° 9.
Allegretto.
Une fille est un oiseau Qui semble
aimer l'esclavage, Et ne chérir que la cage Qui lui
servit de berceau, Sa gaité, son badinage, Ses ca-
resses son ramage Font croire que tout l'en
gage Dans un séjour plein d'attraits; Mais ou
vrés lui la fenêtre Zeste on la voit disparoitre Pour ne
revenir jamais, Pour ne revenir jamais; Mais ou
vrés lui la fenêtre, Zeste on la voit dispa -

roitre Pour ne revenir jamais Pour ne revenir ja-
mais Pour ne revenir jamais Pour ne revenir ja-
Fin.
mais : A mon age on n'est pas dupe. A mon
age on n'est pas dupe Le Sexe qui porte jupe Ne sçau-
roit nous abuser, C'est envain qu'il veut ruser C'est envain qu'il veut ruser Contre u-
ne tete un peu sage, Nous sçavons trop qu'à cet
age Une fille est un oiseau . Da Capo .

Vaudeville.

1.er Couplet.
10.
Vous qui croyés que des tendres es-
clandres Un registre peut être l'ecueil,
Ah! croyés moi, brulés votre recueil, Et faites en, faites en des cendres. Contre un sexe
enchanteur Et trompeur Dont les armes
Dont les charmes Sont surs de leurs coups,
C'est en vain qu'on subtilise On ne s'avise jā
mais de tout, On ne s'avise jamais de tout

14

2.ᵉ C. Le Commissaire.

Je suis certain que dans notre jeune age
Des barbons furent dupés par nous
Leur tour viendra laissons en filant doux
Imiter nos premiers tours de Page
        Contre un age trop vif
                Trop actif.
            Dont les armes
            Dont les charmes.
        Sont surs de leurs coups
        Vainement on subtilise
                On ne s'avise
                Jamais de tout.

3.ᵉ C. M.ʳ Tue.

Je ne sçais rien de si sot de si bete
Que confier sa femme à quelqu'un
Avois-je alors un grain de sens comun
Sans doute j'avois perdu la tête
        Oui moi seul je sçaurois
                Je pourois
            Par adresse
            Par finesse
        Vous pousser à bout
        C'est sotise c'est sotise
                Ah qu'on s'avise
                Fort bien de tout.

4.e C. Lise.

Du Dieu d'amour je craignois les attraits
J'hesitois de prononcer son nom
Je disois oui mais l'amour disoit non
Je vous vois adieu toutes mes craintes
Contre un amant flatteur
Enchanteur
Dont les armes
Dont les charmes
Sont surs de leurs coups
Vainement on subtilise
On ne s'avise
Jamais de tout.

5.^e C. Dorval.

Lise, mon cœur a peu d'experience
Mais apprends ce que dicte mon cœur
C'est mon amour qui fera ton bonheur
C'est le tien qui fait ma confiance
En faisant ton bonheur
Mon honneur
Doit il craindre
Et se plaindre
Un lien si doux
Doit bannir toute surprise
Ah je m'avise
Fort bien de tout.

6.e C. Le Commissaire.

De tout Auteur l'intention est bonne,
Il ne veut qu'enchanter le Public,
Que l'enchanter Messieurs, voila le Hic —
Il faut que toujours on lui pardonne
Ou le Plan mal conçu
Mal tissu.
Ou l'intrigue
Qui fatigue
Le Stile ou le gout
Vainement l'Auteur s'épuise
Il ne s'avise
Jamais de tout.

Fin.

www.ingramcontent.com/pod-product-compliance
Lightning Source LLC
LaVergne TN
LVHW010253030726
842520LV00007B/2915